AF339538

UN PROCÈS

DEVANT

LE JURY

sous Louis Philippe

COUR D'ASSISES DE PARIS

Audience du 24 Janvier 1848

GENÈVE

IMPRIMERIE CAREY FRÈRES, VIEUX-COLLÉGE, 3.

—

Février 1868

COUR D'ASSISES DE LA SEINE

PRÉSIDENCE DE M. PARTARRIEU-LAFOSSE

AUDIENCE DU 24 JANVIER 1848

Constant Hilbey, demeurant à Paris, rue Bertin-Poirée, N° 8, comparaît devant la Cour d'assises de la Seine, sous l'inculpation d'avoir, contrairement à la loi, fait afficher sur les murs de Paris, un écrit traitant d'objets politiques.

A 10 heures, la séance est ouverte.

M. de Royer, avocat-général, occupe le siège du ministère public.

Aux questions d'usage, le prévenu répond qu'il se nomme Constant Hilbey, âgé de 31 ans, ouvrier tailleur, né à Magny-le-Freule (Calvados), demeurant à Paris, rue Bertin-Poirée, N° 8.

M. LE PRÉSIDEMT. Vous n'avez pas de défenseur ?

CONSTANT HILBEY. Non, Monsieur, je me défendrai moi-même.

M. LE PRÉSIDENT. Vous en avez le droit, je vous rappelle seulement que vous ne devez pas vous écarter des convenances.

CONSTANT HILBEY. Je me conformerai, non pas aux convenances, mais à la décence et à la modération; ce sont les mots adoptés par le Code.

4

M. LE PRÉSIDENT (vivement). Oui! Oui!

Le greffier, M. Commerson, donne lecture de l'arrêt de renvoi, qui est ainsi conçu :

Constant Hilbey, qui prend avec affectation la qualité d'ouvrier, a fait placarder sur les murs de Paris[1], au mois de Novembre 1847, une affiche ainsi conçue :

« *EN VENTE CHEZ TOUS LES LIBRAIRES*

MARAT

ET SES CALOMNIATEURS

OU

Réfutation de l'HISTOIRE DES GIRONDINS

Par CONSTANT HILBEY (ouvrier).

SOMMAIRE :

L'auteur accusé d'outrage à la morale. — Si ce sont les fripons, les vendus et les assassins qui constituent la morale. — Extrait du journal de la Montagne. — Lettres trouvées dans une armoire de fer. — Un fripon frustré par un coquin. — La maison de Marat assaillie par une bande d'assassins ; ses presses enlevées. — Extraits du *National* de 1830. — Les avale-royaumes. — Béranger reniant son ouvrage. — Absurdités, mensonges, calomnies et contradictions de Lamartine. — Moïse et Marat. — Tartufe et M. de Lamartine. — Lamartine accusant faussement Marat d'avoir séduit et enlevé la femme de son imprimeur. — Le raffinement de la calomnie. — Le nez de M. de Lamartine dans les langes du dauphin. — Écrits de Marat tronqués et falsifiés par Lamartine. — Colère de Lamartine contre des affamés. — Silence de Lamartine sur les abus. — Le tran-tran de la Pénélope Roland. — Les martyrs de la corruption. — Mariage de Marat. — Détails sur la veuve Marat ; son grand caractère. — Charlotte Corday, ou un exécrable assassin transformé en héroïne. — Judith, Holopherne, les jacobins.

Brochure in-8° : 1 fr. »

Cette affiche a été saisie comme traitant d'objets politiques, et

---

[1] *Moniteur Universel*, 25 Janvier 1848.

des poursuites ont été dirigées contre Hilbey, qui n'a pas nié les faits matériels qui lui sont imputés.

La saisie a été régulièrement maintenue par une ordonnance du tribunal de la Seine, rendue le 15 Décembre 1847, dans les délais de la loi.

Cette ordonnance a également, en déclarant la prévention ci-dessus énoncée, suffisamment établie, ordonné l'envoi des pièces au Procureur-général du Roi en la Cour.

Il ne peut être douteux que cette affiche, sous l'apparence d'une annonce de librairie, ne traite en réalité d'objets politiques. Le titre et le but annoncés de la brochure, le titre et la matière de la plupart des chapitres, font une publication toute politique, non-seulement de la brochure, mais du placard lui-même.

Hilbey ne peut s'excuser sur son ignorance et sa bonne foi, car déjà, au mois de Janvier 1847, il a été condamné par la Cour d'assises de la Seine pour un fait absolument semblable; s'il faut même en croire ses propres déclarations, recueillies dans l'instruction, ce serait l'expérience de la première condamnation qui lui aurait donné la coupable idée d'en provoquer une seconde, les poursuites criminelles ayant procuré à son premier ouvrage un débit qu'il n'aurait pas obtenu par lui-même.

M. LE PRÉSIDENT. Vous avez dit que vous étiez ouvrier tailleur.

CONSTANT HILBEY. Oui, Monsieur.

M. LE PRÉSIDENT. Travaillez-vous chez vous ou chez un maître?

CONSTANT HILBEY. Je travaille chez moi pour un marchand tailleur, M. Evrard Lamotte. A ce sujet, j'ai à relever un passage de l'arrêt de renvoi; on dit dans cette pièce que je prends *avec affectation la qualité d'ouvrier*, il n'y a pas d'affectation à prendre une qualité qui est la mienne; la loi même veut qu'on prenne une qualité, et quand Monsieur le président m'a demandé ma profession, étant ouvrier tailleur, je n'ai pas cru devoir répondre : pair de France. (On rit.)

M. LE PRÉSIDENT. Indépendamment de votre état, vous vous occupez de publications politiques?

CONSTANT HILBEY. Oui, Monsieur, c'est mon droit et j'en use.

M. LE PRÉSIDENT. Nous ne contestons nullement le droit que vous avez de faire des ouvrages, nous constatons un fait. Déjà vous avez comparu, ici, sous le coup de poursuites analogues à celles qui vous y amènent aujourd'hui?

CONSTANT HILBEY. Oui, Monsieur.

M. LE PRÉSIDENT. Cette condamnation devait vous servir d'avertissement.

CONSTANT HILBEY. Ce n'est pas la même affiche qui m'amène aujourd'hui; celle-ci ne traite pas de matières politiques.

M. LE PRÉSIDENT. Vous convenez que vous avez fait placarder cette affiche en Novembre 1847.

CONSTANT HILBEY. Oui, Monsieur.

M. LE PRÉSIDENT. A quel nombre d'exemplaires?

CONSTANT HILBEY. Au nombre de 50, je l'avais fait tirer au nombre de 125.

M. LE PRÉSIDENT. Vous reconnaissez bien l'affiche que je vous présente?

CONSTANT HILBEY. Parfaitement, M. le Président. C'est inutile...

M. LE PRÉSIDENT. Nous devons vous la présenter pour la forme. Votre défense tend-elle seulement à prouver que votre affiche ne traite pas d'objets politiques?

Constant Hilbey. Oui, M. le Président, mais j'ai à relever encore un article de l'arrêt de renvoi, dans lequel on me prête des déclarations que je n'ai point faites.

M. le président. Nous n'attachons pas d'importance aux déclarations que vous avez pu faire.

Constant Hilbey. Moi, Monsieur, j'en attache beaucoup aux déclarations qu'on me fait faire et que je n'ai point faites.

M. le président. Vous en parlerez, si bon vous semble, dans votre défense.

Constant Hilbey. Mais, Monsieur, ce n'est pas là une opinion que MM. les Jurés peuvent apprécier, c'est un fait matériel que je dois faire rectifier à l'instant.

M. le président. Ce fait matériel a peu d'importance dans le procès.

Constant Hilbey. Déclarez, alors, cet article de l'arrêt de renvoi, nul.

M. le président. Il n'y a pas d'article de l'arrêt de renvoi, nul.

Constant Hilbey. Mais, Monsieur, on va donc pouvoir imprimer cette pièce qu'on ne me permet pas de rectifier.

M. le président. Vous répondrez. La parole est à M. l'avocat-général.

M. de Royer, avocat-général :

Messieurs, nous n'avons pas l'intention de donner à cette affaire une portée plus grande qu'elle ne le comporte. Il importe seulement que la position soit nettement expliquée. M. Hilbey est prévenu d'avoir affiché ou fait afficher un écrit imprimé traitant de matières politiques.

La loi du 10 Décembre 1850, sur les afficheurs et crieurs publics, a abrogé l'article 290 du Code pénal; maintenant, pour exercer la profession d'afficheur, il suffit d'une simple déclaration et d'être domicilié. C'est la première disposition de cette loi; par la seconde, elle a prohibé d'une manière absolue toutes les affiches politiques. Il y a eu à ce sujet une discussion aussi profonde que savante à la Chambre des Députés; il est ressorti de cette discussion un hommage profond à la liberté de la presse : mais tous les orateurs se sont accordés pour consacrer ce principe : que désormais on ne pourrait plus afficher des écrits traitant de matières politiques.

Ainsi lorsqu'une affiche contient un extrait politique quelconque, par cela seul il y a contravention à la loi. Recherchons donc deux faits seulement. Y a-t-il eu affiche; et, si l'affiche a existé, traitait-elle de matières politiques? Sur la première question il ne peut y avoir de doute, le prévenu avoue; reste à savoir si cette affiche avait une signification politique.

Eh bien! Messieurs, il ne peut y avoir de doute non plus sur cette seconde question; le nom seul de Marat est un fait politique, d'une triste politique hâtons-nous de le dire; ce nom malheureusement célèbre appartient aux plus mauvais jours de notre révolution; rapprocher ce nom de celui de ses calomniateurs, cela implique nécessairement l'intention politique.

C'est une réhabilitation de la mémoire de Marat, notée d'infamie par tous les gens de bien et récemment par la plume d'un écrivain célèbre, que l'auteur entreprend : d'ailleurs, si ce titre du placard ne justifiait pas nos paroles, le sommaire de la brochure, qui est rapporté sur ce placard, c'est-à-dire son analyse complète, conviant le public à s'initier à ces tristes mystères [1] sur lesquels M. Hilbey est le maître d'avoir ses opinions, mais qu'il ne peut faire afficher, y suffirait complétement.

M. l'avocat-général donne lecture du placard. Après avoir discuté la valeur de chaque expression qu'il contient, l'organe du ministère public continue ainsi :

Messieurs, je ne pousserai pas plus loin les investigations, cela me paraîtrait superflu; mais pour vous édifier complétement sur l'intention de l'auteur, permettez-nous de mettre sous vos yeux quelques passages de la brochure annoncée par ce placard :

---

[1] La Révolution n'est pas un mystère, elle s'est faite au grand jour, et si elle est un mystère pour nous, c'est parce qu'on nous en dérobe l'histoire ; il paraît toutefois qu'à cette époque, selon M. l'avocat général, les historiens n'avaient pas *initié* le public aux *mystères* de la Révolution.

L'auteur commence ainsi : « Hommes du peuple, mes frères, je vais défendre notre héritage commun [1]. » A la page 54, voici ce qu'on trouve : « Or, on sait qu'ils ne purent réussir à faire en masse ce que Marat faisait à lui tout seul, et que le couteau qui le plongea dans la tombe y plongea la révolution avec lui. » Enfin voici comment il termine sa brochure :

« Comprenez-vous maintenant pourquoi l'on veut que la révo-
« lution se résume en Robespierre ? Comprenez-vous pourquoi
« Lamartine le préfère à Marat ? C'est que, dans ses écrits, vous
« n'apprendrez rien, et que c'est un moyen de faire haïr la révo-
« lution. Tant que vous la chercherez ailleurs que dans Marat,
« vous n'en aurez pas même l'ombre ! La révolution est tout en-
« tière dans l'*Ami du Peuple* et dans le *Journal de la Républi-
« que*. Si vous laissez anéantir ces ouvrages devenus fort rares,
« vous êtes à jamais privés de l'histoire d'une époque si mémo-
« rable. »

Je n'ajoute pas d'importance, dit M. l'avocat-général en termi-
nant son réquisitoire, à ce qui a été dit dans le procès-verbal ; il
demande une déclaration de culpabilité.

M. LE PRÉSIDENT. La parole est au prévenu.

CONSTANT HILBEY. Messieurs les Jurés, M. l'avocat
général vous a dit que Marat appartenait à une triste
politique. C'est à lui que nous devons l'institution du
Jury ; je dois avouer que Marat n'entendait pas l'institution du Jury comme la loi actuelle la comprend ;
il voulait que les jurés fussent pris parmi tous les mem-
bres de la société, et non pas seulement parmi les riches.

On vous a lu ma brochure, on n'en avait pas le droit ;
ma brochure n'est pas dans la rue, le passant n'y trouve que mon affiche. Au reste, je suis content de ce
qu'on a fait, car tout ce que j'écris est l'expression de

---

[1] « *La mémoire des martyrs de la liberté est le patrimoine du peuple.*
Hommes du peuple, mes frères, je vais défendre notre héritage commun ! »

ma pensée. On vous a dit que je ne pouvais m'excuser sur mon ignorance; Messieurs, je n'en ai point envie, ce n'est pas par ignorance que j'ai agi, c'est avec la connaissance de mon droit, c'est la loi à la main que j'ai composé cet affiche, et c'est la loi à la main que je vais la défendre devant vous.

Mais d'abord, je dois réfuter des déclarations que l'on me prête dans l'arrêt de renvoi; il résulte, dit-on, de mes propres déclarations, que ce serait l'expérience d'une première condamnation qui m'aurait donné la coupable idée d'en provoquer une seconde, les poursuites criminelles ayant procuré à mon premier ouvrage, un débit qu'il n'aurait pas obtenu par lui-même. Il paraîtrait, Messieurs, d'après cet article, que c'est pour m'obliger qu'on me fait un procès. (*On rit.*) Mais ce n'est pas sans doute pour m'obliger, qu'on me prête des paroles que je n'ai point dites. Je suis obligé de vous lire l'interrogatoire que m'a fait subir M. de St-Didier, juge d'instruction, je l'ai reproduit de mémoire dans une brochure; s'il n'est pas exact, M. le Président, qui a l'original sous les yeux, m'avertira.

M. LE PRÉSIDENT. Je vais lire moi-même.

M. le Président donne lecture de l'interrogatoire. Il est tel que l'avait reproduit le prévenu.

M. LE PRÉSIDENT. Défendez-vous maintenant.

Le prévenu déploie sur le parquet une affiche imprimée, en grands caractères, sur une immense feuille de papier rose.

CONSTANT HILBEY. (S'adressant aux jurés.)

Vous le voyez, Messieurs, les déclarations que l'on me

prête dans l'arrêt de renvoi ne se trouvent point dans l'interrogatoire; il n'en résulte qu'une chose : c'est que j'ai soutenu qu'il n'y avait pas un mot de politique dans cette affiche. M. l'avocat-général vous a dit que le titre seul de mon affiche était politique; c'est là un fait que je n'ai pas à examiner. Il ne s'agit pas de savoir si cette affiche a trait à des matières politiques, comme on vous l'a dit, mais si, dans son ensemble, elle peut former un discours politique, un écrit traitant de matières politiques, car, ce qui est interdit, ce n'est pas d'annoncer des écrits politiques, mais d'en afficher.

Je lis : *L'auteur accusé d'outrage à la morale.*

Messieurs, il ne faut que savoir lire pour savoir que *morale* ne veut pas dire *politique*; la morale est la science des mœurs, la politique est l'art de gouverner les États.

Si ce sont les fripons, les vendus et les assassins qui constituent la morale.

Quoi! Messieurs, des fripons, des assassins seraient des objets politiques? Mais, si vous déclariez qu'un assassin est un objet politique, lorsque j'entendrais parler d'un assassin, je serais en droit de demander est-ce un pair de France? *(Mouvement.)* un ministre? un député?

Lettres trouvées dans une armoire de fer.

Ai-je dit dans quelle armoire ces lettres ont été trouvées? On me dit : le public sait bien que vous voulez parler de *l'armoire de fer des Tuileries.* Pourquoi le public pense-t-il des choses que je ne lui dis pas? C'est sa faute, et si vous me condamnez, Messieurs, pour ce que le public pense, vous allez pouvoir me condamner aux galères, car le public pense peut-être de vilaines choses. (*On rit.*) Si, comme on le prétend, j'avais voulu un procès, j'aurais fait afficher *l'armoire de fer des Tuileries*, que dis-je, j'aurais fait afficher les lettres trouvées dans cette armoire, elles auraient fait connaître au peuple la corruption des *grands* personnages, et je n'aurais pas été en prison pour rien!

Un fripon frustré par un coquin.

Je dirai ici, comme pour les assassins, si vous déclarez qu'un fripon et un coquin sont des objets politiques : lorsqu'un fripon me volera mon mouchoir, je ne dirai pas : arrêtez le voleur, mais « arrêtez le politique. » (*On rit.*)

La maison de Marat assaillie par une bande d'assassins.

Messieurs, nous avons vu que des assassins n'étaient pas des objets politiques. Quant à la maison de Marat, je vous assure qu'elle ne s'est jamais occupée de choses politiques.

Extrait du National de 1830.

Le *National* est un journal qui traite de matières diverses ; ne peut-on pas croire que mon extrait a rapport à un chien perdu ?

Les avale-royaumes.

Je prends le dictionnaire et je lis : « politique, art de gouverner les Etats. » Moi, Messieurs, je traite de l'art d'avaler les royaumes ; mais j'en traite dans ma brochure, et non sur mon affiche, personne ne sait si j'ai voulu parler de quelqu'un de ces gargantua qui avalent un royaume pour déjeuner ? Or, gargantua n'est pas un personnage politique. Si les hommes commis pour gouverner un Etat, étaient assez voraces pour avaler cet Etat, ils seraient traduits en justice et condamnés. Si vous admettez que les avale-royaumes sont des objets politiques, il faut effacer du dictionnaire ces mots : « politique, art de gouverner les Etats, et y substituer ceux-ci, politique, art d'avaler les Etats. » (*On rit.*)

Béranger reniant son ouvrage.

On a vu sur les murs de Paris des affiches annonçant les œuvres de Chateaubriand, sur lesquelles on lisait : « Tout Français intelligent doit aujourd'hui connaître les œuvres du plus beau génie de notre siècle. » On n'a pas poursuivi cette affiche modeste ; (*On rit.*) L'*ouvrage* de Béranger n'est pas plus politique que *les œuvres* de Chateaubriand ; d'ailleurs, Béranger a fait plus d'un *ouvrage*, et si c'était là de la politique, ce serait une politique bien odieuse, j'en conviens.

Absurdités, mensonges, calomnies et contradictions de Lamartine.

Quoi! calomnier des morts serait une action politique, et l'homme qui combattrait la calomnie serait poursuivi? et il y aurait toujours des lois pour protéger le mensonge et étouffer la vérité?

Mais, Messieurs, lors même que je ne serais pas en butte à des poursuites, j'aurais encore contre moi le nombre et la richesse; combien le mensonge aurait encore d'avantage, combien de vérités resteraient enfouies par la seule impossibilité de les mettre au jour?

Moïse et Marat. Tartuffe et M. de Lamartine.

Moïse n'est pas un personnage politique; quant à Marat, il était de chair humaine et non pas de chair politique.

Le raffinement de la calomnie.

Je n'ai rien à répondre. Vous ne devez pas comprendre, Messieurs, pourquoi je suis ici. Mais on a bien contesté ma qualité d'ouvrier, on me persécute; il y a quelques mois, des commissaires de police sont allés chez les libraires pour les prier de ne pas vendre mes ouvrages. Un commissaire de police, M. Jeanneson a dit à l'un d'eux que s'il le fallait, on emploierait l'arbitraire contre moi.

Le nez de M. de Lamartine dans les langes du Dauphin.

Où est la politique ici? au bout du nez de M. de Lamartine? ou dans les langes du Dauphin?

Ecrits de Marat tronqués et falsifiés par Lamartine.

Messieurs, si le fond de mon affiche était incriminé, je vous donnerais ici, les preuves de ce que j'avance, je vous montrerais que j'ai dit l'exacte vérité. Oui, M. de Lamartine a falsifié des écrits de Marat, il a dit que c'était un homme exécrable. L'homme exécrable est celui qui dénature, falsifie à dessein les écrits d'un autre pour donner de lui de fausses idées.

Le Trantran de la pénople Roland.

Cela veut dire certaines manières de conduire les affaires, mais cela s'applique plutôt à celles de la vie qu'aux affaires politiques.

Les Martyrs de la Corruption.

C'est réellement inconcevable; je parle de voleurs, de fripons, de corrompus, le ministère public me dit: Vous parlez d'hommes politiques; c'est à ces mots qu'il les reconnaît.

Et on veut me condamner parce que des corrompus sont des hommes publics? (*Mouvement.*)

Mariage de Marat, détails sur la veuve Marat, son grand caractère.

Tout le monde sait qu'il n'y a rien de politique dans les mariages, si ce ne sont ceux des princes, parce qu'ils coûtent des millions au peuple, mais le mariage de Marat n'a coûté rien à personne! Quant à la veuve Marat, s'il est vrai que les fripons et les corrompus soient des objets politiques, la veuve de Marat n'en n'était pas un, car c'était une honnête femme.

Charlotte Corday, ou un exécrable assassin transformé en héroïne.

Rien de politique non plus ici, sous le rapport de la morale, il n'est pas, je l'espère, un honnête homme qui ne trouve exécrable un assassin quel qu'il soit.

Judith, Holopherne, les Jacobins.

Ici c'est encore plus beau; un cardinal disait qu'avec le *pater* il ferait condamner un homme; avec deux mots de la Bible on veut m'envoyer en prison, nous sommes en progrès!

Messieurs, j'ai prouvé qu'il n'y a pas un mot de politique dans mon affiche; vous ne pouvez me condamner sans déclarer implicitement par votre verdict que l'ombre même de la liberté de la presse a disparu.

M. le Président fait le résumé des débats.

Le Jury rend un verdict de culpabilité.

M. LE PRÉSIDENT. Hilbey, avez-vous des observations à présenter sur l'application de la peine.

CONSTANT HILBEY. Non, Monsieur, je répète que je n'ai pas agi par ignorance; ce que j'ai fait, je le ferais encore; ainsi je réclame contre moi toute la sévérité de la Cour et le maximum de la peine.

La Cour condamne Constant Hilbey à un mois de prison, 200 francs d'amende et aux dépens.

NOTE.

Page 9 : *l'institution du jury*.

« En janvier 1789, je traçai le tableau des iniquités des parlements et des autres tribunaux prévaricateurs ; puis, désespérant de parvenir jamais à réformer ces corps pourris, je proposai de les anéantir et de les remplacer par des jurés. » (*L'Ami du Peuple*, nº 382). Le 14 janvier 1790 : « Anathème sur ces tribunaux de sang, où le faible est condamné sans preuves, d'où le puissant échappe toujours impuni, et où le coupable est expédié clandestinement lorsqu'il a des complices d'un rang élevé. » Le 22 : Lafayette, pour faire le siége de la maison de Marat, mit sur pied douze mille hommes ; le peuple se leva pour défendre Marat. (Voyez le *Moniteur* du 23 janvier 1790). Le 6 septembre 1790, l'Assemblée nationale, cédant à l'opinion publique, décréta *sans discussion* la suppression « de tous les tribunaux d'ancienne création. »

Dans l'*Ami du Peuple* du 8 septembre 1790 : « Les voilà donc enfin, ces édifices gothiques si redoutables, renversés pour toujours ; ces antres de la chicane, ces autels de l'injustice, ces forts de prévarication, d'iniquités et de tyrannie, où le pauvre ne pouvait élever la voix, où les cris du faible opprimé se perdaient dans les airs, où la veuve et l'orphelin réclamaient inutilement leurs droits contre le puissant usurpateur, où l'homme en crédit et l'homme opulent écrasaient impunément l'humble citoyen, où tant d'innocentes victimes furent égorgées au nom du prince avec le glaive des lois. »